Richard Deiss

Von Operfranken bis Operösterreich

AF176508

Wissenswertes und Gesangloses zu 44 Opernspielstätten in Süddeutschland und den Alpenländern

Adresse des Autors:
Machnowerstr. 65
D-14165 Berlin
Richard.Deiss@gmail.com

Anregungen und Kommentare sind willkommen und werden in der nächsten Auflage ggf. berücksichtigt.

Herstellung und Verlag: Books on Demand GmbH, Norderstedt

Erste Auflage 2020, Originalausgabe

Der Inhalt dieses Buches entspricht der Privatmeinung des Autors.

ISBN   9783741252396

Bibliografische Information der Deutschen Nationalbibliothek

Die Deutsche Nationalbibliothek verzeichnet diese Publikation in der Deutschen Nationalbibliografie; detaillierte bibliografische Daten sind im Internet über http://dnb.d-nb.de abrufbar.

Inhalt

Vorwort

Von Sommer 2017 bis Februar 2019 besuchte ich alle Opernhäuser Deutschlands. Daraus ergab sich das kleine Taschenbuch *Kein Opernhaus in Oberhausen.* Ab Februar 2019 fing ich dann an, die 19 Opernhäuser in der Schweiz und Österreich abzuklappern. Das schaffte ich dann auch bis Februar 2020. Wegen eines verspäteten Nachtzuges, fehlt lediglich noch das Opernhaus von Graz, was ich bisher nicht nachholen konnte. Die 19 besuchten Häuser füllen jedoch noch kein Büchlein. Deshalb nahm ich die süddeutschen Opernhäuser des letzten Bandes, plus Slowenien und Liechtenstein, hinzu. In den Alpenländern gibt es noch weitere Opern-spielstätten. Das schmale Bändchen wir also in künftigen Neuauflagen ein bisschen dicker, sobald die Situation Opernbesuche und Reisen wieder zulässt.

Auch wollte ich ursprünglich mehr zu meinen Reise-erfahrungen und direkten Opernerlebnissen schreiben. Über die Qualität der Aufführungen können andere besser schreiben, und besonders viel Aufregendes gibt es über meine Touren auch nicht zu schreiben, so dass sich das Buch letztlich mehr auf die Häuser selbst und interessante Fakten und Anekdoten drum herum bezieht.

Die Qualität der Aufnahmen möge der Leser mir verzeihen. Ich habe von meinen Handy-Uploads auf Social Media, simple copy-paste Kopien gemacht, um die Größe der Word-Datei nicht zu sehr aufzublähen. Im Books on Demand System werden zudem Laserdrucker benutzt, deren Druckqualität begrenzt ist. Word bietet zudem, was das Layout betrifft, wenig Spielraum. Es kann sich hier also nicht um einen professionell gelayouteten Bildband handeln. Intention ist vielmehr, ein leicht lesbares Buch vorzulegen, das immer wieder aktualisiert und ergänzt wird, Anregungen aufnimmt und dadurch lebendig bleibt. Work in progress also. Fotos haben hier lediglich ergänzenden Charakter.

Eine Begriffserklärung ist vorab nötig. Reine Opernhäuser sind eher selten. Meist sind es Mehrspartenhäuser mit Musik, Schauspiel und Tanz. Diese werden dann üblicherweise als Theater bezeichnet (Landes-, Staats, Stadttheater etc.). Mit eigenem Opernensemble gelten sie dennoch auch als Opernhäuser. Nicht-Operngänger mögen die Bezeichnungen Oper, Opernhaus oder Theater für das gleiche Gebäude manchmal verwirren.

Berlin, im März 2020
Richard Deiss

6

Opernspielstätten in Süddeutschland und den Alpenländern nach Regionen

Nationaltheater München

1. Bayern

Bayern weist mit 9 Opernhäusern und 12 Millionen Einwohnern eine leicht unter dem bundesdeutschen Schnitt liegende Operndichte auf. Hier achtet man allerdings sehr auf den Regionalproporz und so hat jeder der sieben Regierungsbezirke mindestens ein Opernhaus mit Ensemble. Zwei Regierungsbezirke haben jedoch zwei Opernhäuser: Oberbayern mit seinen fast 5 Millionen Einwohnern der weitaus größte Regierungsbezirk (mit 2 Häusern in München, Nationaltheater und Gärtnerplatztheater, dazu kommen allerdings weitere Spielstätten wie das Residenztheater und das Cuivilliés-Theater) und Oberfranken (Coburg und Hof). Da Oberfranken nur eine Million Einwohner hat, hat es die höchste Opernhausdichte in Bayern. Noch höher liegt sie, wenn man die beiden Häuser in Bayreuth, die kein eigenes Ensemble haben, dazu nimmt. Der Regierungs-bezirk Schwaben hat mit dem Staatstheater Augsburg dagegen nur ein Opernhaus. Jedoch gibt es hier eine gewisse Puppenspieltradition wie sich auch an der Augsburger Puppenkiste zeigt. In Mering bei Augsburg gibt es ein zweidimensionales Papiertheater (Multum in Parvo, `das kleinste Opernhaus der Welt´), in Lindau im Bodensee eine Marionettenoper.

Bayern ist finanz- und wachstumsstark und so ist keines seiner öffentlichen Opernhäuser gefährdet, notfalls greift ihnen der Freistaat allein schon aus strukturpolitischen Gründen unter die Arme. Der neue Ministerpräsident Söder achtet dabei darauf, dass Franken seinen Teil bekommt.

Bayreuth - Markgräfliches Opernhaus

Oberfranken hat mit vier Opernhäusern auf 1 Million Einwohner (davon allerdings nur zwei mit Ensemble) eine für Westdeutschland hohe Operndichte. Vielleicht sollte der Regierungsbezirk in *Operfranken* umbenannt werden.

Das 1748 eingeweihte Markgräfliche Opernhaus in Bayreuth gehört zu den wenigen erhaltenen Opernbauten aus dieser Zeit in Europa. Im Juni 2012 nahm die UNESCO das Gebäude in die Liste des Weltkulturerbes auf. Obwohl das Logentheater ganz aus Holz gefertigt ist, brannte es nie ab. Ein Grund dafür war die Tatsache, dass es nur selten bespielt wurde. Das war unter der Markgräfin Friederike Sophie Wilhelmine (1709-1758), einer Schwester Friedrich des Großen, noch anders. Wilhelmine war sowohl Opernkomponistin als auch Librettistin und ihre Werke wurden in Bayreuth auch aufgeführt. 20 Jahre leitete sie die Bayreuther Oper. Nach ihrem Tod im Jahre 1758, 10 Jahre nach der Eröffnung des neuen Opernhauses, wurde der Spielbetrieb reduziert. Nach dem Tod ihres Ehemanns fünf Jahre später wurden mehrere Jahre keine Aufführungen mehr gegeben. Trotzdem sprach sich die Größe der Bühne rum.

Der Berliner Schriftsteller Wilhelm Heinrich Wackenroder (1773-1798), Mitgründer der Deutschen Romantik, schrieb zum Beispiel in einem Reisebericht über Bayreuth:

Ein Opernhaus, das wohl fast so groß als das Berliner Opernhaus und als eines der größten und prächtigsten Opernhäuser in der Welt berufen ist.

Richard Wagner wurde durch ein Konversationslexikon auf die große Bühne aufmerksam und dachte, dort seine Werke aufführen zu können.

Bayreuth- das Festspielhaus

Bayreuth ist eine Mittelstadt mit gleich zwei Opern-häusern, allerdings beide ohne Ensemble. Das Mark-gräfliche Opernhaus, heute auf der UNESCO Liste des Weltkulturerbes, war der Grund, weshalb für Wagner der Opernstandort Bayreuth überhaupt in Frage kam. Doch der Zuschauerraum des Markgräflichen Theaters war zu klein. Durch seine Erkundungen hatte Wagner jedoch gefallen an der Stadt gefunden und er fing an, einen Neubau zu planen. Bayreuth überließ ihm schließlich ein Grundstück am Grünen Hügel. Architekt war Otto Brückwald, jedoch wurden viele Ideen von Gottfried Sempers Plan für ein Wagner-Opernhaus in München, welches nie realisiert wurde, umgesetzt. Angeblich soll Wagner in seinen Planungen auch vom Rigaer Opernhaus inspiriert worden sein, welches er als Kapellmeister in Riga 1837-39 kennengelernt hatte. Im Mai 1872 wurde in Bayreuth der Grundstein gelegt, im August 1876 wurde das Schauspielhaus mit der Oper „Rheingold" eröffnet.

Das Besondere an der Bayreuther Spielstätte ist der abgedeckte Orchestergraben, das Orchester bleibt für die Zuschauer so unsichtbar. Trotz dieser Abdeckung wird die Akustik des Saales als einzigartig beschrieben. Aller-dings gibt es auch problematische Effekte, wie eine Ab-strahlung des auf die Bühne gerichteten Klangs durch die Vorhänge oder eine Reflektion durch die einfachen Holz-stühle. Was dem eingefleischten Wagnerianer gefällt, ist also nicht jedermanns Sache. Wagnerianer fühlen sich dennoch durch ein Nietzsche-Zitat bestätigt:

Irgendwann sitzen wir alle in Bayreuth zusammen und fragen uns, wie wir es nur irgendwo anders aushalten konnten.

Verschiedenes zu Bayreuth und Wagner

Die Inschrift am Wagner-Haus in Bayreuth lautet

Hier, wo mein Wähnen Frieden fand,
Wahnfried sei dieses Haus genannt.

Bei der Feier zur Grundsteinlegung des Festspielhauses im Jahr 1872 zerschlug Wagner drei Taktstöcke und musste am Schluss mit einem herausgerissenen Stuhlbein weiterdirigieren. Wagners *Ring der Nibelungen* (*Rheingold, Walküre, Siegfried, Götterdämmerung*) wird auch als *Ring, der nie gelungen* verspottet, Wagners *Fliegender Holländer* wiederum als *Lügender Flohhändler* verballhornt.

Sein letztes Werk Parsifal wollte Wagner ausdrücklich dem Festspielhaus Bayreuth vorbehalten, was ihm allerdings nicht gelungen ist. Gegenüber König Ludwig II erklärte er 1880: `Dort darf der Parsifal in aller Zukunft einzig und allein aufgeführt werden´.

Der Oberpfälzer Komponist Max Reger (1873-1916) meinte `als ich als fünfzehnjähriger Junge zum ersten Mal in Bayreuth den Parsifal gehört habe, habe ich vierzehn Tage geheult und dann bin ich Musiker geworden.

Bayreuth und die moderne Sage

Zum Festspielhaus gibt es folgende städtische Sage.
Für die Oper „Siegfried" wurde einst aus England ein mechanischer Drache bestellt. Beim Zusammenbau der Teile stellte man fest, dass ein Halsstück fehlte. Dieses war versehentlich ins namensähnliche libanesische Beirut (französisch Beyrouth) geliefert worden.
Zu Bayreuth gibt es noch eine andere Legende. Einst ließ der herrische und nicht bei jedem beliebte Dirigent Herbert von Karajan eine der beiden Toiletten im

Künstlerbereich durch das Schild `für Herbert von Karajan´ für sich reservieren. Kurze Zeit war an der zweiten Tür zu lesen `für die anderen Arschlöcher´.

Coburg

Coburg gehört zu den Mittelstädten, die als ehemalige Residenzstadt, in diesem Fall der Herzöge von Sachsen-Coburg, eine lange Theatertradition aufweisen und auch ein Opernhaus besitzen. Das Theatergebäude wurde 1840 nach Plänen von Carl Balthasar Harres erbaut. Nach dem 1. Weltkrieg und der Abdankung des Adels übernahm der Freistaat Coburg das Opernhaus. 1920 kam Coburg zu Bayern und Bayern übernahm alle Verpflichtungen, auch die einer Mitfinanzierung, und gab eine bis heute gültige Bestandsgarantie ab. Im Krieg unzerstört geblieben, liegt die letzte Sanierung schon fast 50 Jahre zurück. Zudem gab es im Jahr 2013 einen Wasserschaden. Der Sanierungsstau ist mittlerweile so hoch, dass das Theater bald geschlossen werden soll. Ausweichspielstätten werden immer noch diskutiert. Ein Vorschlag sieht einen temporären Holzbau in Form des britischen Globe-Theaters vor. Als ich das Opernhaus im Juli 2018 besuche, kann ich mich noch am historischen Zuschauerraum und am Foyer im Spiegelsaal erfreuen.

Hof

In Hof gab es kein prächtiges historisches Theatergebäude, welches nach dem Krieg wiederaufgebaut oder ersetzt werden musste. Eine eher bescheidene Spielstätte in der Schützenstraße überstand den Krieg unbeschadet. Diese Spielstätte erwies sich aber in den 1980er Jahren zunehmend als baulich, technisch und betrieblich ungeeignet. Im Jahr 1986 folgte eine Ausschreibung und im Jahr 1990 wurde der Beschluss gefasst, ein neues Theater am Stadtrand gegenüber der Freiheitshalle zu errichten. Im September 1994 konnte der Neubau schließlich eröffnet werden. Am Boden des überdachten Wegs zum Haupteingang findet sich eine Installation des US-Konzeptkünstlers Joseph Kosuth (*1945). Unter Glas und in Neonschrift in den Boden eingelassen, kann man hier folgendes Goethe-Zitat lesen:

Genau aber genommen, so ist nichts theatralisch als was für die Augen zugleich symbolisch ist, eine wichtige Handlung, die auf eine noch wichtigere hindeutet.

Heute, ein Vierteljahrhundert nach der Eröffnung, steht eine Sanierungsrunde an und man überlegt, während der Übergangszeit in Zelten am alten Standort zu spielen um dessen Infrastruktur wie Parkplätze und Hotels nutzen zu können.

Würzburg

Nachdem das neben dem ehemaligen Ludwigsbahnhof gelegene Würzburger Theater, wie große Teile der Stadt, bei einem Fliegerangriff im März 1945 zerstört worden war, wurde im Dezember 1966 ein Neubau an der Stelle des ehemaligen Ludwigsbahnhofs, einem 1868 stillgelegten Kopfbahnhof, errichtet. 1970 wurde vor dem Theater eine Metallwürfel-Struktur als erste kinetische Großplastik in Deutschland aufgestellt. Die Makrokern 170 betitelte Skulptur stammt vom Düsseldorfer Künstler Karl-Ludwig Schmaltz. Ursprünglich gab es im Inneren des Würfels bewegliche Rhomben. Nach wiederholtem Vandalismus wurden diese nicht mehr ersetzt. Im Volksmund heißt die Skulptur Theaterwürfel. Mittlerweile ist der Theaterwürfel verschwunden, denn eine Sanierung des Opernhauses, die unter laufendem Betrieb stattfinden soll, steht an.

Nürnberg

Das Nürnberger Stadttheater wurde 1905 an Stelle eines abgerissenen Krankenhauses vom bedeutenden Theater-architekten Heinrich Seeling (1852-1932) im Jugendstil errichtet.

Anfänglich litt die Oper en einem veralteten Pachtsystem, das zu einer niedrigen Aufführungsqualität führte. Der Komponist Richard Strauss meinte in einem Brief an den Oberbürgermeister im Jahr 1911, er hätte in fast der ganzen zivilisierten Welt dirigiert, aber nur in Lemberg in Galizien hätte er ein schlechteres Orchester vorgefunden. Zum 25. Jubiläum im Jahr 1930 klang Strauss versöhn-licher: *„Nürnberg hat ein erstklassiges Musiktheater"*. Nach 1933 spielte das Opernhaus eine wichtige Rolle in der NS-Propaganda. Hitler ließ das Opernhaus umbauen. Jugendstilelemente und Stuck wurden entfernt, um besser dem NS-Stil zu entsprechen. Bis 1938 wurden alle in Nürnberg stattfindenden Reichsparteitage mit der Oper „Die Meistersinger von Nürnberg" eröffnet und die Götterdämmerung war die letzte Vorstellung vor der kriegsbedingten Schließung im Jahr 1944.

Dreißig Jahre später machte der Opernregisseur Hans Neuenfels mit der Verdi-Oper „Troubadour" auf sich auf-merksam, für manche ein Theaterskandal, für andere stand er dadurch an der Speerspitze der Inszenierungs-revolution.

Regensburg

Die Geschichte des Theaters von Regensburg verlief relativ ereignislos. Nach einem Brand im Jahre 1849, den man vergeblich mit Eimerketten und Wasser aus der nahen Donau zu löschen versuchte, wurde das Stadttheater von Regensburg ab 1851 wiederaufgebaut und 1852 mit Giacomo Meyerbeers Hugenotten wiedereröffnet. Regensburg, heute auf der UNESCO-Welterbeliste, und sein Theater blieben im Krieg unzerstört. In den modernisierungs-bewegten 1950er und 1960er Jahren wurde ein Abriss und Neubau diskutiert, doch es kam lediglich zu einer Sanierung. End der neunziger Jahre folgte eine umfassende Sanierung und heute zählt es zu den schönsten Theatern Bayerns. Zum ersten Mal sah ich in diesem Operngebäude im Eingangsbereich ein Kreuz an der Wand hängen. Ob das wohl eine Folge des `Kruzifix-Beschlusses´ der bayerischen Landesregierung war?

Passau

Als im November 1783 das Fürstbischöfliche Opernhaus in Passau eröffnete, war es eines der ersten deutschen Residenztheater, das die Untertanen gegen Eintritt betreten konnten. Im Krieg blieben Passau und das Theater unzerstört. Als es 1959 bis Anfang der 1960er Jahre kernrestauriert wurde, beseitigte man nicht, wie woanders, Kriegsschäden, sondern die baulichen Veränderungen des 19. Jahrhunderts. Im Juni 2013 kam es durch Hochwasser, dem die Dreiflüssestadt immer wieder ausgesetzt ist, das Opernhaus liegt unweit vom Inn, zu einer Überflutung des Parketts und des Orchestergrabens, was größere Schäden verursachte. Dennoch konnte der Spielbetrieb schnell wiederaufgenommen werden.

München - Nationaltheater

Das Nationaltheater in München ist die Opernspielstätte in Deutschland, welche am Hauptstädtischsten wirkt. Mit 2500 m² hat das Nationaltheater die größte Opernbühne Deutschlands und die drittgrößte in Europa. Mit 2100 Sitzplätzen steht das Nationaltheater auch beim Fassungsvermögen an der Spitze. Zudem ist es das Opernhaus, das finanziell am besten ausgestattet ist. Es wird nicht nur durch den bayrischen Staat unterstützt, sondern auch von finanzstarken Privatsponsoren wie BMW. Der klassizistische Bau des Architekten Karl von Fischer wurde 1818 erstmals eröffnet, nachdem ein Brand im Vorjahr einen Teil des Neubaus zerstört hatte. 1823 brannte das Theater bis auf die Grundmauern nieder. Während einer Vorstellung der komischen Oper *Die beyden Füchse* hatte die Dekoration Feuer gefangen und es konnte nicht gelöscht werden, weil das Löschwasser im kalten Januar eingefroren war. Durch eine neue Biersteuer wurde das Geld für den Wiederaufbau aufgetrieben. 1825 wurde es, durch den Architekten Leon von Klenze um eine Säulenhalle ergänzt, wiedereröffnet. Im Oktober 1944 wurde das Opernhaus bei einem Fliegerangriff bis auf die Außenmauern zerstört. Von 1958 bis 1962 wurde es wiederaufgebaut, auch mit Spenden der Bevölkerung.

Unter den Premierengästen im November 1963 waren so illustre Namen wie der Schah von Persien, seine Ex-Ehefrau Soraya, der damalige bayrische Minister-präsident Alfons Goppel, Franz Josef Strauß, der Dirigent Herbert von Karajan und die Schauspieler Curd Jürgens und Maximilian Schell.

16

München - Gärtnerplatztheater

Das Staatstheater am nach dem Architekten Friedrich von Gärtner benannten Gärtnerplatz wurde 1865 eröffnet, im Krieg leicht beschädigt und 1948 wiedereröffnet. Es gehört von der äußeren Anmutung und auch was den Zuschauersaal betrifft zu den schönsten Opernhäusern Deutschlands.

Nach einer Generalsanierung 2012-2017 kann es jetzt wieder in frischer Pracht erlebt werden. Als ich es im Dezember 2018 besuche, um Hänsel und Gretel zu sehen, bin ich ganz erstaunt von der Pracht und den vielen Rängen. Als ich das einem Opernfreund erzähle, besucht der ebenfalls das Opernhaus und ist genauso beeindruckt.

Pracht des Gärtnerplatztheaters

München Cuvilliés-Theater

Das Cuvilliés-Theater in der Münchner Residenz wird als das bedeutendste Rokoko-Theater Deutschlands gesehen. Es wurde im Jahre 1753 im Auftrag von Kurfürst Maximilian III. Joseph durch François de Cuvilliés dem Jüngeren, daher sein Name, erbaut. Das Cuivilléstheater befand sich bis zum 2. Weltkrieg an der Stelle des heutigen Residenztheaters. Die Holzteile wurden jedoch im Krieg ausgelagert und nach dem Krieg an beim Wiederaufbau der Residenz an anderer Stelle der wieder eingebaut. Zur 800 Jahr-Feier München konnte das Theater am 14. Juni 1958 mit Figaros Hochzeit wiedereröffnet werden. Im Januar 2020 besuche ich hier eine Aufführung der Mozartoper Cosi fan tutte und lasse mich von der in Deutschland einzigartigen Rokokoatmosphäre und dem intimen Block von der Loge verzaubern.

München Cuvilliés-Theater

Neuburg

Als ich im Sommer 2019 das Stadttheater von Neuburg an der Donau besuche bin ich zunächst von der barocken Schönheit der Altstadt und ihrer Lage auf einem Hügel über der Donau beeindruckt, dann vom Theaterinterieur und schließlich von der unterhaltsamen Inszenierung von Ferdinand Herolds `Der tote Dichter lebt´. Ich beschließe, wieder zu kommen. Jedes Jahr im Juni werden von der Neuburger Kammeroper selten gespielte Stücke aufgeführt.

Kammeroper Neuburg

Augsburg

Das Große Haus des Theaters Augsburg wurde von den Wiener Theaterarchitekten Fellner und Hellmer entworfen und im November 1877 mit Beethovens Fidelio eröffnet.
Adolf Hitler initiierte 1937 einen Umbau, der durch den Architekten Paul Baumgarten durchgeführt und 1939 eröffnet wurde. Im Februar 1944 wurde das Theater durch einen britischen Luftangriff zerstört. Von 1952 bis 1956 wurde das Theater vereinfacht wiederaufgebaut und die erhalten gebliebene Ornamentik der Fassade entfernt. Innen wurde das Theater im Stil der fünfziger Jahre gestaltet.
1992 wurde auf dem Platz vor dem Theater die Plastik *Ostern* von Matschinsky-Denninghof aufgestellt. Viele Augsburger haben sich nie damit angefreundet und meinen, diese beeinträchtige den Blick auf das Theater.
Im Jahre 2016 wurde das Theater für einen Umbau geschlossen. Die Wiedereröffnung wird wohl nicht vor dem Jahr 2023 stattfinden, da unter anderem schwere Brandschutzmängel zu beseitigen sind. Ausweichspielstätte ist ein zum Theatersaal umgebauter Raum im Martini-Park.

Augsburg - Bertolt Brecht und Harald Schmidt

Bertolt Brecht, 1898 in Augsburg geboren, war regelmäßig Gast im Theater. Ende 1920 soll Brecht dort so begeistert von der österreichischen Opernsängerin Marianne Zoff gewesen sein, dass er nach der Aufführung in die Garderobe kam und ihr Komplimente machte. Er bot ihr eine Beziehung an, obwohl er und Zoff zu der Zeit anderweitig liiert waren. Nach zwei Schwangerschaften von Zoff heiratete Brecht sie im November 1922 in München. Dazu passend Brechts angeblicher Spruch, *Das Beste an Augsburg ist der D-Zug nach München.*

Der TV-Entertainer Harald Schmidt hatte sein erstes Engagement 1981-1984 an den Städtischen Bühnen in Augsburg. Auf diese Zeit bezog er sich in einem bösen Witz, den er in der Sendung *Schmidteinander* auf Kosten seines Assistenten Harald Feuerstein machte. Er meinte, dieser erinnere ihn an die Theaterkantine Augsburg: `80 Kilo altes Fett´. Es ist zu hoffen, dass diese jetzt auch saniert wird.

Lindaus Marionettenoper

Im bayerischen Regierungsbezirk Schwaben gibt es nur ein Opernhaus, in Augsburg. Gleichzeitig hat Schwaben auch eine gewisse Puppenspieltradition, die Augsburger Puppenkiste ist überregional bekannt. In Mering bei Augsburg gibt es ein Papiertheater mit zweidimensionalen Papierfiguren. Lindau im Bodensee hat wiederum eine Marionettenoper.

Der Oberbayer Bernhard Lesimüller war schon als Kind von Marionetten und Musiktheater fasziniert. In Bad Tölz lernte er sein Handwerk und hat mittlerweile mehr als 500 Marionetten zusammengebaut. Als er eine Kombination von Marionetten und Musiktheater aufbauen wollte, schrieb er ein Dutzend bayerische Städte an. Lindau war bereit, das Projekt zu unterstützen und Räumlichkeiten gratis zur Verfügung zu stellen, denn solche Aufführungen spielen höchstens die Personalkosten ein.

Die Lindauer Marionetten-oper wurde 2000 gegründet, nutzt heute einen eigenen Saal im Stadttheater. Die Zuschauerzahlen steigen kontinuierlich, von anfangs oft weniger als 10 Besuchern auf heute über 100 pro Aufführung, was einer Auslastung von 96% der 110 Plätze bedeutet und der Einzugsbereich wird immer größer.

Mering und das Papiertheater

Im Frühjahr 2010 gründeten Benno Mitschka und Christine Schenk in München das *Multum in Parvo* Papiertheater. Die hohen Fixkosten und Immobilienpreise in der Landeshauptstadt zwangen sie aber bald, nach einem günstigeren Standort Ausschau zu halten. Dieser fand sich dann in Mering bei Augsburg, wo man bis 2012 einen Showroom entwickelte. Durch Zufall fiel das Opening mit der Eröffnung des nahen Meringer Kreisels zusammen. Auswärtige Gäste wunderten sich über den riesigen Aufwand mit großem Festzelt, bis sie aufgeklärt wurden, dass dieses für die Eröffnung des Kreisels aufgestellt worden war. Das Festzelt führte dann jedoch auch etliche Besucher ins Papiertheater.

Danach dauerte es noch zwei Jahre, bis im September 2014 in `Deutschlands kleinstem Opernhaus´ die erste Papiertheater-Aufführung stattfinden konnte.

In den Räumlichkeiten war vorher ein Tante-Emma-Laden und später ein China-Restaurant. Letzteres passte zur Turandot-Aufführung, der ich beiwohnte. Als ich die Bilder der winzigen Bühne im Internet poste, löste dies manchen Smiley aus verbunden mit Kommentaren wie `Best opera house I have ever seen´☺.

Papiertheater Mering

2. Baden-Württemberg

Das wirtschaftsstarke Bundesland Baden-Württemberg weist mit 7 Opernhäusern auf 11 Millionen Einwohner eine unterdurchschnittliche Opernhausdichte auf. Dabei gibt es große Unterschiede zwischen den beiden Landesteilen. In Baden gibt es für 5 Millionen Einwohner immerhin 5 Spielstätten mit eigenem Ensemble. Dazu kommt noch das Festspielhaus in Baden-Baden und das Schwetzinger Schloss als weiterer Festspielstandort.

In Württemberg gibt es jedoch für 6 Millionen Einwohner nur 2 Opernhäuser, in Stuttgart und Ulm. Der Regierungsbezirk Stuttgart hat dabei mit 4 Millionen Einwohnern (das sind so viele wie in Sachsen, wo es 10 Opernhäuser gibt) und einem Opernhaus eine besonders niedrige Dichte. Ob die niedrige Operndichte in Württemberg wohl am schwäbischen Pietismus liegt (die Region Mittlerer Neckar wird scherzhaft auch als *Pietcong* bezeichnet) oder an der sprichwörtlichen Sparsamkeit der Schwaben?

Andererseits ersetzt man hier Masse durch Qualität. Das Stuttgarter Opernhaus gilt als eines der besten in Deutschland und wurde von der Zeitschrift *Opernwelt* so oft wie kein anderes zum *Opernhaus des Jahres* gewählt.

Ulm wiederum machte in den 1960er Jahren durch das *Ulmer Theaterwunder* auf sich aufmerksam. Im schwäbischen Heidenheim gibt es zudem ein sommerliches Opernfestival. In Baden gehört das traditionsreiche Nationaltheater Mannheims zu den führenden deutschen Opernhäusern. Baden-Baden wiederum hat die Spielstätte mit den meisten Sitzplätzen. Karlsruhe hat sich wiederum als Händelspielstätte einen Namen gemacht.

Mannheim

Trotz seines Titels wurde das Nationaltheater Mannheim bereits 1839 städtischer Verantwortung unterstellt und gilt deshalb als eines der ältesten Kommunalen Theater der Welt. 1777 als erste `deutsche Nationalschaubühne´ eröffnet, wurde hier im Januar 1782 Schillers Drama „Die Räuber" in Anwesenheit des Dichters uraufgeführt. Schiller wurde danach zu Mannheims erstem Theaterdichter.

Während einer Vorstellung von Webers „Freischütz" wurde Mannheim im September 1943 von der Royal Air Force bombardiert und das Nationaltheater zerstört.
Einen Architekturwettbewerb für einen Neubau hatte mit anderen der berühmte Bauhausarchitekt Mies van der Rohe gewonnen, der einer Aufforderung, seinen Vorschlag zu überarbeiten, aber nicht folgen wollte. So kam der Mies-Schüler Gerhard Weber schließlich zum

Zuge. Am 13. Januar 1957 wurde das Haus mit Webers „Freischütz" (die letzte im Krieg gespielte Oper) eröffnet. Zu den Besonderheiten des Theatergebäudes mit seiner einfachen Ausstattung und seinen über 1150 Sitzplätzen (sehr simple Klappplätze) im Großen Haus, gehört eine der größten Bühnen in Deutschland. Eine weitere Besonderheit ist der Weltkriegsbunker, auf dem das Gebäude steht und welcher als Lagerstätte genutzt wird. Bei der ab 2020 anstehenden Generalsanierung gilt die in den Bunker eindringende Feuchtigkeit als eines der Hauptprobleme. Mannheim gehört heute zu den führenden Häusern in Deutschland. 2013 bekam das National-theater von den Kritikern der Opernwelt die Auszeich-nung „Chor des Jahres", 2014 zusammen mit Frankfurt „Opernhaus des Jahres". Bei meinem Besuch im Herbst 2018 geht es locker zu. Ich erreiche das Opernhaus erst 15 Minuten nach Vorstellungsbeginn, werde aber ohne Probleme auf einen der hinteren Plätze verwiesen, damit eine Türöffnung weiter hinten die Vorstellung nicht stört.

Heidelberg

Anders als bei vielen anderen Spielstätten in Baden-Württemberg ist für das vom Zweiten Weltkrieg ver-schonte Heidelberg auch keine Kriegszerstörung des Theaters zu vermelden. Sanierungs- und Umbaubedarf gab es trotzdem immer wieder, zuletzt wurde es 2006-2009 wegen baulicher Mängel geschlossen. Wodurch sich Heidelberg auszeichnet, ist großes bürgerliches Engagement; von den Gesamtkosten der Sanierung von 60 Millionen Euro kamen allein 19 Millionen durch Spenden herein, darunter 15 Millionen durch eine Groß-spende. Die Resonanz beim Publikum ist gut, die Auslastung liegt mit über 80% relativ hoch. Heidelberg erhält bei Kritikerumfragen in Fachzeitschriften immer

wieder Nennungen, darunter für überzeugende Theater-
arbeit abseits der großen Zentren.

Pforzheim

Das badische Pforzheim ist eine der Städte, die im
Zweiten Weltkrieg am stärksten zerstört wurden. Auch
vom Alten Pforzheimer Stadttheater an der Westlichen
Karl-Friedrich-Straße blieb nicht mehr viel übrig. In
Pforzheim dauerte es jedoch viel länger als in anderen
Städten, bis eine neu erbaute Spielstätte eingeweiht
werden konnte. Lange wurde in provisorischen Räumen
wie Turnhallen gespielt. Erst im Jahr 1990 konnte im
Zentrum, direkt am Fluss Enz, ein Neubau des
Architekten Bodo Fleischer realisiert werden.
Die Architektur dieses Theaters mit seiner unüber-
sichtlichen Kubatur, dem Dächergewirr und seiner
Provinzstadthallenanmutung, gehört nicht gerade zu den
Highlights des deutschen Theaterbauwesens.

Heute ist das Theater in Pforzheim durch eine relativ
geringe Auslastung von knapp über 50% und sinkende
Zuschauerzahlen gekennzeichnet. An diesem Trend hatte

auch eine Dreifachspitze aus Opern-, Schauspiel- und Verwaltungsdirektor, die bundesweit als *Pforzheimer Theatermodell* bekannt wurde, nichts geändert, weshalb man ab 2015/16 wieder eine Doppelspitze mit Intendant und Verwaltungsdirektor einführte.

Baden-Baden- Festspielhaus im Bahnhof

Das 1998 eröffnete Festspielhaus Baden-Baden ist mit 2500 Zuschauerplätzen Deutschlands größtes Opernhaus und auch eines der größten Europas. Da es kein eigenes Ensemble hat, zählt es jedoch nicht zu den Opernhäusern im engeren Sinne. Eine Besonderheit ist auch die Finanzierung über eine private Stiftung. Oft wird es als einziges Opernhaus bezeichnet, das ohne Subventionen auskommt. Das stimmt jedoch nicht ganz, denn die öffentliche Hand beteiligt sich an Miete und Instandhaltung des Gebäudes. Die Kostendeckung ist dennoch deutlich höher als in öffentlichen Häusern. Karten und andere Erlöse tragen etwa Zwei Drittel der jährlichen Kosten von etwa 20 Millionen Euro, ein Drittel wird durch privates Sponsoring und Spenden finanziert. Und öffentliche Gelder tragen wie gesagt dazu bei, dass die Kosten begrenzt bleiben. Eine Besonderheit ist die Architektur des Festspielhauses. Der 1845 erbaute und 1977 stillgelegte alte Stadtbahnhof dient als Eingangsbereich. Über dem Kassenschalter ist hier noch 'Fahrkarten' zu lesen. Der restaurierte opulente Eingangsbereich des Bahnhofs der reichen Kurstadt ist mit seinen Deckengemälden eines Opernhauses durchaus würdig. Hinter dem Empfangsgebäude des Bahnhofs, auf dem ehemaligen Gleisfeld, befindet sich der moderne Neubau mit seinem riesigen Zuschauersaal.

☞ In Baden-Baden verbrachte der französische Komponist Pierre Boulez (1925-2016) seine letzten Jahrzehnte. Boulez, ein Vertreter der musikalischen Avantgarde, sagte 1967 in einem Spiegel-Interview provokativ `Sprengt die Opernhäuser in die Luft´, um die Musik von ihrer Verhaftung an die Vergangenheit zu lösen. Sein Standpunkt: eine Kultur, die nicht mit ihren Traditionen bricht, stirbt. Nun war es ausgerechnet Boulez´ Wohnort Baden-Baden, wo, statt eines zu sprengen, ein neues Opernhaus gebaut wurde.

Stuttgart

Das Staatstheater Stuttgart ist eine Art „Bayern München der deutschen Opernlandschaft". Seit 1992 wählte es die Zeitschrift *Opernwelt* bereits sieben Mal zum Opernhaus des Jahres, der Chor wurde seit 1998 bereits elf Mal zum Chor des Jahres gewählt, darunter von 1998 bis 2003 sechs Mal hintereinander. Im März 2018 sehe ich hier Donizettis Don Pasquale und die moderne Inszenierung, alle Sänger in heutigem Habitus der jüngeren Generation gekleidet, fällt gleich auf.

Der österreichische Regisseur und Intendant Max Reinhardt bezeichnete das vom Architekten Max Littmann entworfene und 1912 fertig gestellte Theatergebäude als *das schönste Theater der Welt.* Während das Große Haus (das Opernhaus) den Zweiten Weltkrieg nahezu unbeschadet überstand, wurde das Schauspielhaus (das Kleine Haus) im Krieg zerstört. Nach einer Modernisierung im Jahr 1956 wurde es 1983/84 wieder in die ursprüngliche Form zurückversetzt. Doch manche Probleme konnten noch nicht angegangen werden. Im dritten Rang ist es beispielsweise so warm, dass ihn der Volksmund als Zwetschgendörre (Anlage zum Pflaumentrocknen) bezeichnet. Mittlerweile steht eine weitere Sanierungsrunde an, die mindestens 100 Millionen Euro kosten wird und 5 bis 8 Jahre dauern soll. Eine Ausweichspielstätte wird noch gesucht. Aus Nordbaden kommen sogar Vorschläge, dafür das Festspielhaus von Baden-Baden zu nutzen. Man kann wie bei anderen Großprojekten sicher sein, dass Kosten und Zeitpläne nicht eingehalten werden. Gleichzeitig dauert der Bau des Bahnhofsprojekts Stuttgart 21 immer noch an. Es ist zu hoffen, dass Stuttgart in Zukunft nicht gleichzeitig unter zwei Großprojekten leiden wird.

Ulm

Ulm ist stolz darauf, das älteste städtische Theater Deutschlands zu haben, es wurde bereits 1641, also noch während des Dreißigjährigen Kriegs, gegründet. Seine Hauptspielstätte ist aber relativ neu, das Theatergebäude wurde ab 1966 nach Plänen von Fritz Schäfer erbaut und im Oktober 1969 eröffnet. Das alte Theater, hier hatte Herbert von Karajan 1929-1934 sein erstes Engagement als Kapellmeister, war im Zweiten Weltkrieg fast völlig zerstört worden. Die Eröffnung markierte allerdings fast auch ein Ende eines kulturellen Höhenfluges der ober-schwäbischen Stadt. Denn 1968 wurde die einflussreiche Hochschule für Gestaltung geschlossen. 1962 schon hatte der bedeutende Schauspieler und Intendant Kurt Hübner, der mit dem Regisseur Peter Zadek und dem Bühnenbildner Wilfried Minks in Ulm neue Akzente setzte, die Stadt Richtung Bremen verlassen. Dort schuf er mit den Regisseuren Peter Zadek und Peter Palitzsch und dem Bühnenbildner Wilfried Minks, die ihm aus Ulm gefolgt waren, den damals berühmten Bremer Stil. Nach Hüberns Weggang schrieb Ulm unter Intendant Ulrich Brecht zunächst weiter Theatergeschichte, so in einem Stück im Jahr 1963, als erstmals der Orchestergraben als Barriere überwunden wurde und die Zuschauer den Fortgang der Handlung bestimmen durften.

☞Herbert von Karajan (1908-1989) hat übrigens 1929 seine Karriere am Stadttheater Ulm begonnen, wo er 1930 erster Kapellmeister wurde. Das Ulmer Stadttheater hat heute deshalb die Adresse Herbert von Karajan-Platz.

Stadttheater Ulm

Freiburg

Das Theater Freiburg wurde 1905 nach Plänen des Berliner Architekten Heinrich Seeling errichtet. Im Zweiten Weltkrieg wurde es durch Bombenangriffe schwer beschädigt und bis 1949 vereinfacht wiederaufgebaut. Der Oberbürgermeister Hoffmann hatte durch eigene Klavierkonzerte für den Wiederaufbau geworben und damit sogar die damals große Summe von 120 000 Mark für den Wiederaufbau eingespielt. Der im Krieg erhalten gebliebene Jungendstil-Schaugiebel wurde erst bei einem Umbau im Jahr 1962, bei welchem unter dem Dach eine Probebühne errichtet wurde, entfernt. Seither schließt die Schauseite eigentlich etwas zu flach ab. Aber im Laufe der Zeit gab es noch weitere Änderungen.

1973 wurde an der Westfront ein Wandbild mit Emaillefarben auf Metallplatten des Künstler Horst Antes angebracht. 1996 wanderte das Bild ins Depot, weil an dieser Seite ein Anbau entstand, der von einem Kino genutzt wurde. Zum 75. Geburtstag des Künstlers im Jahr 2011 gab es Diskussionen, was mit diesem Kulturschatz geschehen sollte.

Seit Oktober 2010 ragte der Schriftzug „Heart of the City" über dem Eingangsportal. Die Buchstaben leuchteten nachts so, dass im Wechsel `Heart´ und `Art´ zu lesen war. Nach Intendanzwechsel von Barbara Mundel zu Peter Carp wurden diese Buchstaben zur Saison 2017/18 wieder abgenommen und durch THEATER FREIBURG ersetzt

Karlsruhe

Im Februar 1847 brach im Großherzoglichen Hoftheater in Karlsruhe, ein Friedrich Weinbauer-Bau aus dem Jahre 1808, ein Feuer aus. 63 Zuschauer kamen ums Leben, was zu Änderungen von Bauvorschriften für öffentliche Gebäude führte. Der 1853 vom Hofarchitekten Heinrich Hübsch erbaute Nachfolgebau brannte nach einem Fliegerangriff im September 1944 aus. Die Ruine blieb bis in die 1960er Jahre stehen. Zuerst entschied man sich für einen Neubau an selber Stelle, stellte das Gelände dann aber für einen Neubau des Bundesverfassungs-gerichtes zur Verfügung, um dieses in Karlsruhe zu halten. Von 1970 bis 1975 wurde dann unmittelbar süd-lich des Stadtzentrums, wo einst der erste Karlsruher Bahnhof gestanden hatte, ein Neubau des Karlsruher Architekten Helmut Bätzner errichtet. Mittlerweile sind die grauen Betonquader in die Jahre gekommen, eine Generalsanierung steht an, inklusive des Neubaus des Schauspielhauses. Die Sanierung soll ab 2019 schrittweise geschehen, so dass der Spielbetrieb an den bestehenden Örtlichkeiten aufrechterhalten werden kann. Anders als das Opernhaus der Landeshauptstadt Stuttgart spielt Karlsruhe heute bundesweit nicht in der ersten Liga. Das war jedoch einst anders. 1863 leitete Richard Wagner zwei Konzerte in Karlsruhe und hätte sich um ein Haar in der Residenzstadt niedergelassen. Anfang des 20. Jahrhunderts machte Generaldirektor Felix Mottl Karlsruhe zur führenden Opernstadt in Deutschland, Karlsruher Sänger waren europaweit bekannt.

Heute macht das Staatstheater mit den jährlich statt-findenden Händelfestspielen auf sich aufmerksam. Zwar gibt es keine biographische Verbindung des in Halle an der Saale geborenen und in London gestorbenen Georg Friedrich Händel mit Karlsruhe, jedoch ist Karlsruhe Sitz der Internationalen Händel-Akademie.

Schwetzingen

In der gut erhaltenen barocken Schlossanlage von Schwetzingen, einer unweit von Mannheim und Heidelberg gelegenen Kleinstadt, finden jedes Jahr im April die SWR-Festspiele statt. Dabei werden vor allem selten gespielte Opern aufgeführt. Als ich im April 2018 die Festspiele alleine besuche, habe ich zwei Karten dabei. Ein Franzose aus Straßburg nimmt mir schließlich eine Karte ab. Er kennt sich gut mit der Opernlandschaft rechts des Rheins aus. Im Elsass gibt es zwar drei Spielstätten- in Straßburg, Colmar und Mülhausen. Das Programm ist dort jedoch relativ dünn. Auf der deutschen Rheinseite konkurrieren dagegen Mannheim, Heidelberg, Baden-Baden und Freiburg um Opern- und Klassikfans. Durch Kriegszerstörungen handelt es sich meist um Nachkriegsbauten. Das Schwetzinger Schloss kann dagegen mit dem ältesten erhaltenen Rangtheater weltweit und dem ältesten Theater Baden-Württembergs aufwarten.

Isny

Als ich vor ein paar Jahren anfing, Opernaufführungen zu sammeln, stellte ich zu meinem Erstaunen fest, dass sogar meine winzige Heimatstadt Isny ein sommerliches Opernfestival organisiert. Leider wurde ich bei einem Besuch der Strauss-Oper `Ariadne auf Naxos´ Opfer der abgelegenen Lage Isnys, denn der Zug zum nächsten Bahnhof Leutkirch war verspätet und von dort musste ich auch noch ein Taxi nehmen. Ich konnte deshalb nur die letzten 30 Minuten der gesanglich durchaus beeindruckenden Freilichtaufführung in der Fußgängerzone vor dem Rathaus von Isny miterleben.

Ravensburg und sein Konzerthaus

Die oberschwäbische Mittelstadt Ravensburg verfügt über das einzige erhaltene historische Theater im württembergischen Oberschwaben. Es wurde 1897 im Stil des Historismus erbaut. Wie bei vielen Theater- und Opernbauten der damaligen Zeit stammt der Entwurf vom österreichischen Büro Fellner & Helmer. An der Fassade ist Concert-Haus zu lesen, heute schreibt es sich jedoch Konzerthaus. Sehr oft ich war auf dem Weg von meinem Heimatdorf zum Bahnhof von Ravensburg mit dem Bus daran vorbeigekommen. Jedoch sollte es bis zum Januar 2020 dauern, bis ich es zum ersten Mal betrat. Hier werden nur selten Opern aufgeführt und bei meinem Besuch war es ein kommerzieller, schwer zu ertragender Verschnitt Wiener Operetten (`Wiener Blut´). Entschädigt wurde man vom guten Blick auf die Bühne und den Theatersaal im Stil des Neorokoko, den man von der Empore hatte. An der Wand finden sich Tafeln mit den Namen von Komponisten wie Mozart, Beethoven oder Wagner. Während die Fassade Bühnentechnik bereits mehrfach saniert und erneuert wurden, und die Original Thonet-Stühle ausgetauscht wurden, finden sich die übrigen Gestaltungselemente weitgehend im Originalzustand. Selbst die Bodenfließen der Eingangshalle stammen noch aus dem Jahr 1897. In der Eingangshalle ist eine Gedenktafel für den Stifter, den Ravensburger Industriellen Julius Spohn (1841-1919) zu sehen.

Konzerthaus Ravensburg

3. Schweiz

Wie Österreich hat die Schweiz eine geringfügig höhere Opernhausdichte als Deutschland (1.1 Opernhäuser pro eine Million Einwohner verglichen mit 1.0 in Deutschland). Das liegt auch daran, dass die Schweiz noch föderaler und polyzentrischer organisiert ist als Deutschland, mit zudem 4 Landessprachen. Das hohe Wohlstandsniveau und eine breite zahlungskräftige Bürgerschicht tun ihr übriges. Zu den 9 Opernhäusern kommen noch weitere 21 Spielstätten, darunter Winterthur, Avenches und St. Moritz.

Die Aufführungsdichte ist jedoch mit etwa 100 Aufführungen pro 1 Million Einwohner etwas niedriger als etwa in Österreich. Es fehlt eine Opernmetropole wie Wien, mit seinen 3 Häusern. Auch mit Opernfestspielen ist die Schweiz weniger gut ausgestattet als Österreich (Salzburg, Bregenz, St. Margareten). Die Eidgenossenschaft hat auch eine geringere Zahl an Komponisten hervorgebracht als das Nachbarland.

Das Niveau der Aufführungen ist hier dennoch hoch. Basel und Zürich gelten im deutschsprachigen Raum als führende Theater- und Opernstädte.

Zürich- Goethe von hinten

Zürich hat eines der führenden Opernhäuser Europas und das repräsentativste Opernhaus der deutschsprachigen Schweiz. Dennoch hat das Haus einiges mit anderen Spielstätten gemein. Zum einen brannte der Vorgängerbau 1889/90 völlig aus. Brände gab es auch in Luzern und in Genf. Zum anderen ist es, wie so viele Theater vor allem in Mittel- und Osteuropa ein vom österreichischen Büro Fellner& Helmer entworfener Bau. Es konnte in kurzer Zeit errichtet werden, weil man einfach die Pläne für ein ursprünglich für Krakau vorgesehenes Operngebäude übernahm. Ähnliche Pläne wurde in dieser zeit noch öfter verwendet, so ist das Opernhaus fast baugleich mit dem Kroatischen Nationaltheater in Zagreb und dem Hessischen Staatstheater in Wiesbaden. Eine Besonderheit teilt die Spielstätte zudem mit anderen Schweizer Opernhäusern: über den Orchestergraben sind Netze gespannt. Hier scheint man auf für Sänger und Musiker gefährliche Stürze in den Orchestergräben reagiert zu haben.

In der Frontfassade sind vor runden Fensterhöhlen die Büsten von Schiller, Weber, Mozart, Wagner und Goethe zu sehen, an der Seite zusätzlich Shakespeare. Wagner-Büsten gibt es an wenigen Opernfassaden, Mozart ist häufiger, aber Wagner hatte auch eine spezielle Verbindung zu Zürich. Hier verbrachte er neun Jahre und hier komponierte er Rheingold und die Walküre. Als ich hier im Februar 2019 mit meiner Cousine den Rosenkavalier besuche und in der Pause auf die Toilette gehe, stelle ich fest, dass ich von dort die Goethe-Büste von hinten sehe.

Zürich und der Fleischkäse
1980 genehmigte der Zürcher Stadtrat 60 Millionen Franken für die Renovierung des Opernhauses. Gleichzeitig wurde ein Autonomes Jugendzentrum abgelehnt. Das löste eine für Schweizer Verhältnisse ungewöhnliche Gewaltspirale zwischen Polizei und Jugendlichen aus. Schließlich kam es im Mai 1980 zu Krawallen von hunderten Jugendlichen vor dem Opernhaus (den sogenannten Opernhauskrawallen).
Mit dem 60 Millionen-Franken-Paket wurde 1984 auch ein vom Schweizer Architekten Claude Paillard entworfener flache Anbau des Zürcher Opernhauses errichtet. Er beherbergt das Bernhard Theater und ein Bistro. Er ist bis heute in seiner Gestaltung eher unbeliebt und wird wegen des rötlichen Sichtbetons von der Bevölkerung auch *Fleischkäse* genannt und. Es gibt sogar Vorschläge, den Fleischkäse wieder abzureißen.

Bern
Als ich im März 2019 das Berner Opernhaus besuche, bin ich zunächst von Schweizer Perfektion beeindruckt. Im 1903 erbauten neobarocken Theatergebäude glänzt das Vestibül, das Foyer wirkt luxuriös und bis in jedes Detail

wie Türgriffe, Leuchten und Lichtschalter ist die Verarbeitungsqualität perfekt; Wände sind perfekt und frisch gestrichen. Kein blätternder Putz wie in manchen deutschen Häusern, keine billig angeschraubten Treppenläufe oder Bodenbeläge, wo die billigen Schrauben sichtbar rausstehen, wie schon öfters erlebt. Zum perfekten Zustand trug allerdings auch die Tatsache bei, dass das Berner Haus bis Oktober 2017 saniert worden war, es präsentierte sich also in relativ neuer Frische.

Im prächtigen neobarocken Zuschauerraum fällt das etwas zu viel haut zeigende lukullische Deckenbild des Schweizer Malers Ernest Bieler (1863-948) auf.

Der Luxus dieses Hauses passt nicht ganz zur Aufführung von la Bohème, welche ich im März 2019 hier sehe.

Basel

Betritt man das Theater Basel fällt zunächst der davor gelegene Tinguely-Brunnen mit seinen beweglichen Metallelementen auf. An der Treppe ins Theater fallen die historischen Laternen auf, denn das Theater selbst ist ein moderner, 1969-1975 errichteter abwechslungsreich gegliederter Bau des Schweizer Architekten Felix Schwarz (1917.2013). Basel ist durch seine Chemieindustrie sehr wirtschaftsstark und kann sich dadurch viel Kultur leisten. Neben international bedeutenden Kunstmuseen gibt es eine lebhafte Jazzszene und das Theater Basel gilt als eines der führenden Häuser im deutschsprachigen Raum. Von der Zeitschrift Opernwelt wurde es 2009 und 2010 zum Opernhaus des Jahres gewählt, 2013 bekam der Chor die Auszeichnung Opernchor des Jahres. 2016/17 bekam das Theater in der Kritikerumfrage der Zeitschrift die deutsche Bühne in der Kategorie Gesamtleistung den ersten Platz. 2018 wählte *Theater Heute* es zum Theater des Jahres. Anfang Januar desselben Jahres sehe ich hier eine sehr gut inszenierte und gesungene Aufführung von La Traviata.

Luzern und die Brände

Die Schweizer Touristenstadt Luzern hat ein eher unauffälliges und kleines Theatergebäude, mit schlichter, aber eleganter neoklassischer Architektursprache. Es ist zwar das älteste noch bespielte Mehrspartentheater der Schweiz und konnte kürzlich seine 180. Geburtstag feiern, doch davon ist im modernen schlichten Zuschauerraum mit seinen zwei Rängen und nur 481 Plätzen eigentlich wenig zu spüren. Ein Grund dafür ist auch der Dachstuhlbrand im September 1924, bei welchem historische Gestaltungsdetails verloren gingen und der einen Wiederaufbau notwendig machte. Das Theater liegt zentral am Fluss Reuss und zwei Fußgängerbrücken führen auf es zu, darunter die weltberühmte Kapellbrücke. Diese hat eines mit dem Theater gemein: sie brannte ab, und zwar im Jahr 1993. Dem Luzerner Hauptbahnhof ging es ähnlich, er brannte im Februar 12971 ab.

St. Gallen und die Müllverbrennungsanlage

In St. Gallen fragen manche auswärtigen Besucher, warum man gerade gegenüber der neobarocken Tonhalle eine Müllverbrennungsanlage errichtet hätte. Als solche wird der brutalistische 1960er-Bau des Theaters St. Gallen, welcher in einer turmartigen Struktur gipfelt, von manchen gesehen. Innen beeindruckt die zeittypische ehrliche Architektursprache. Vom Schweizer Architekten Claude Pillard wurde alles auf das Sechseck ausgerichtet, die ganze Konzeption wirkt deshalb sehr stimmig und aus einem Guss.

Theater St. Gallen

Solothurn

Solothurn, die Hauptstadt des gleichnamigen Kantons betreibt zusammen mit der Nachbarstadt Biel das TOBS Theater Orchester Biel Solothurn. Das Theatergebäude von Solothurn ist ein von außen schlichter in der Altstadt gelegener Bau. Die Anmutung des Zuschauerraumes ist eher modern. Als man ihn 2013-2015 sanierte und die Bühnentechnik modernisierte. Bei den Bauarbeiten entdeckte man an den Brüstungen der beiden Galerien Malereien aus dem Jahr 1779. Im oberen Rang sind es Vorhangdraperien im unteren Rang Stillleben mit Musikinstrumenten. Diese stammen vom Solothurner Maler Felix Josef Wirz. Während die Galerien aus Holz sind, sind Boden und decke des Theaters aus Beton. Das soll für das Sprechtheater besser geeignet sein als für das Musiktheater, denn Holz führt durch Schwingungen zu einem längeren und wärmeren Nachklang. Als ich im Mai 2019 hier eine Theater Aufführung (*Popoch-die Arbeit des Lebens*) bin ich mit der akustischen Qualität durchaus zufrieden.

Biel/Bienne

Biel/Bienne ist eine zweisprachige Stadt im Kanton Bern. Es ist zwar die zehntgrößte der Schweiz, mit 55 000 Einwohnern aber dennoch zu klein für ein eigenes Ensemble und Orchester. Deshalb teilt man sich diese mit der Nachbarstadt Solothurn (TOBS, Theater Orchester Biel Solothurn). Das Theater Biel liegt im ehemaligen Zeughaus, einem mittelalterlichen Gebäude der Altstadt. Die Altstadtstrukturen lassen wenig Platz und so hat der Zuschauerraum nur einen Rang und nur 280 Plätze. Auch muss mit alter Technik gearbeitete werden, Bühnenelemente müssen mit einem Flaschenzug eine Etage höher transportiert werden. Die Platz- und Technikverhältnisse lassen keine aufwendigen Inszenierungen zu, dafür ist die Atmosphäre intimer als in größeren Häusern.

Genf und der Brand

Als ich im Mai 2019 das Grand Thèâtre de Genève besuche finde ich vor einem der schönsten Opernhäuser, die ich je gesehen habe. Der Schweizer Architekt Jacques-Elysée Goss hatte sich beim Entwurf des 1875-1879 errichteten Opernhauses von der wenige Jahre zuvor eröffneten Pariser Opéra Garnier inspirieren lassen. In der Fassade sind Büsten unter anderem von Mozart und Beethoven zu sehen. Am Eingang stehen vier Figuren, die, passend zu einem Viersspartenhaus, die Tragödie, den Tanz, die Musik und die Komödie darstellen. Geht man in das Opernhaus hinein findet man ein beeindruckendes neobarockes Foyer mit Kronleuchtern und Deckengemälden.

Der Opernsaal ist dann jedoch überraschenderweise ein moderner Saal, der durch einen steil ansteigenden dritten Rang, eine Art Amphitheater, seine Sternenhimmel-Deckenbeleuchtung und seine riesige Kapazität von 1500 Sitzplätzen überrascht.

Als man im Mai 1951 die Pyrotechnik für den letzten Akt von Wagners Walküre ausprobieren wollte, kam es zu einem Brand, der nur noch die Außenmauern und das Foyer in einem brauchbaren Zustand hinterließ. Erst im Dezember 1962 konnte das Theater wieder in Betrieb genommen werden. Diesmal wurde jedoch Verdi statt Wagner aufgeführt.

Lausanne

Der wegen ihrer schönen Lage am Genfersee und dem tollen Blick auf das Alpenpanorama viel gepriesenen Stadt Lausanne konnte ich bei meinem Besuch wenig abgewinnen. Vielleicht lag es am regnerischen Wetter, die Berge waren nicht zu sehen und die Stadt schien grau und verbaut. Beim Opernhaus der Stadt ging es mir ähnlich. An einer viel befahrenen Straße gelegen fehlte die Platzwirkung. Außerdem hat das relativ flache Gebäude keine beeindruckende Kubatur und die Gestaltung des Eingangsbereiches ist optisch etwas unruhig und passt nicht zur Sandsteinfassade. Der Zuschauerraum ist mit Holz verkleidet aber von einer bereits angestaubten Moderne und mit seinen nur 3 Rängen von nur mittlerer Größe.

Als ich im Mai 2019 hier Orphée et Eurydice sehe, kommt irgendwie keine Begeisterung auf.

3. Liechtenstein

Liechtenstein ist ein kleines, aber wohlhabendes Land mit nur 37 000 Einwohnern. Der Wohlstand ist unter anderem lokalen Firmen wie Hilti (Baumaschinen) Hilcona (beide von Brüdern der Hilti-Familie gegründet). Eine wichtige Technologiefirma ist auch Oerlikon Balzers, mit dem Hauptsitz im Dorf Balzers.

Balzers

Balzers (4600 Einwohner) ist auch eine Art Musikhauptstadt Liechtenstein, denn bereits 1913 wurde hier eine Operette gegründet. 1940 zog Vaduz nach und 1997 wurde sogar eine Oper Vaduz gegründet. Balzers und Vaduz wechseln sich mit Aufführungen ab. Im Jahr 2020 ist Balzers an der Reihe. Als ich vor der Aufführung noch um 17:00 durch Vaduz spaziere, kommt mir ein jüngeres italienisches Paar entgegen. Sie fragen mich, angesichts der am späten Nachmittag schon unbelebten Fußgängerzone, wo denn hier die Kneipenmeile und das Nachtleben wäre. Ich antworte, schauen Sie, dass ist eine kleine Stadt mit nur 5000 Einwohnern und die Liechtensteiner sind hart arbeitende Leute, die früh ins Bett gehen. Die Italiener überlegen sich, ob sie stattdessen nach St. Gallen fahren sollen.

Gemeindesaal Balzers

Zwei Stunden später finde ich mich im Gemeindesaal von Balzers und stelle fest, noch nie so viele Liechtensteiner auf einmal gesehen zu haben. Mit den über 300 Besuchern der Operette zum Weißen Rössl sind fast 1% der Liechtensteiner Bevölkerung im Zuschauerraum. Nimmt man nur die einheimischen Erwachsenen, sind es sogar 2%. Wie immer ist diese Operette lustig und unterhaltsam und es ist irgendwie etwas Besonderes, sie in Liechtenstein zu sehen.

4. Österreich

Während Deutschland das Land mit den meisten Opernhäusern ist (mehr als 80) hat Österreich mit 10 Häusern, aber nur einem Zehntel der Bevölkerung, sogar eine noch höhere Opernhausdichte. Das liegt auch an der Operndichte in Wien, Hauptstadt der klassischen Musik.

Berlin vermarktet sich manchmal als einzige Stadt der Welt mit drei Opernhäusern. Dabei gibt es auch in Wien drei Opernhäuser (und zudem in Paris). Wenn man das vom Wiener Stadtzentrum mit der Straßenbahn erreichbare Baden hinzuzählt, gibt es im Großraum Wien sogar 4 Opernspielstätten.

Neben den 10 österreichischen Opernhäusern gibt es im Land noch fünfzehn weitere Opernspielstätten, darunter Bad Ischl, Erl und Klosterneuburg.

Österreich ist auch das Land mit den meisten Opernaufführungen pro Kopf der Bevölkerung (182 Aufführungen pro 1 Million Einwohner in der Saison 2018/19). Durch die Verteilung der Häuser, außer in Wien und im Burgenland gibt es in jedem Bundesland nur ein Opernhaus, sind Standorte auch nicht gefährdet, denn jedes Bundesland möchte sein Opernhaus sichern. Im Burgenland fehlt dazu eine größere Stadt. Das wird jedoch durch das Opernfestival in St. Margarethen etwas ausgeglichen, ähnlich wie bei den Festspielen in Bregenz, denn in Vorarlberg fehlt ebenfalls eine Metropole, die ein das ganze Jahr beschäftigtes Ensemble tragen könnte.

Österreich hat nicht nur durch Komponisten wie Mozart und Johann Strauss zu Opern und Operetten beigetragen, sondern mit dem Büro Fellner&Helmer zur Architektur vieler Jahrhundertwende-Opernhäuser in den Alpenländern, in Mittel- und Osteuropa. Große Auswirkungen auf die Sicherheit der Opernhäuser Europas hatte zudem der verheerende Ringtheaterbrand des Jahres 1881.

4.1 Wien und näheres Umland

Staatsoper Wien

Das berühmteste Wiener Opernhaus ist zweifelslos die an prominenter Stelle am Ring gelegene Wiener Staatsoper. So berühmt, dass bei meinem Besuch im Dezember 2019 für meine Cousine nur noch auf dem Schwarzmarkt Tickets zu erhalten waren. In der Oper dann viele Touristen, darunter Chinesen, die sogar während der Aufführung filmten. In der Pause ist das spektakuläre Stiegenhaus voller internationaler Touristen, die Selfies machen. Dieses Vestibül wurde im Krieg nicht zerstört.

Der Zuschauerraum wirkt mit seinen 5 Rängen so, wie man sich ein typisches klassisches Hauptstadtopernhaus vorstellt. Statt dem großstädtisch-bürgerlichen Publikum findet sich hier jedoch zum großen Teil ein touristisches Publikum ohne größere Opernkenntnisse.

Und schaut man genauer hin, wird deutlich, dass hier vieles nach dem Krieg vereinfacht wiederaufgebaut wurde. Das zeigt sich zum Beispiel an der schlichten verzierungslosen Decke, der Gestaltung des letzten Ranges und der einfachen Wandgestaltung im Parkett.

Als die Staatsoper im November 1955 mit Beethovens Fidelio wiedereröffnet wurde, wurde dies vom ORF live im ganzen Land übertragen. Damals gab es in Österreich erst 800 Fernseher, was man heute kaum mehr glauben kann. In den 1990ern soll Placido Domingo (*1941) hier den Othello so gut gesungen haben, dass er 101 Vorhänge und 80 Minuten Beifall bekam, angeblich ein Weltrekord.

Staatsoper- die versunkene Kiste

So beeindruckend heute das Gebäude, vor allem bei nächtlicher Beleuchtung wirkt, so viel Spott löste es noch vor der Fertigstellung im Jahre 1869 aus. Manche sahen es sogar als *Königgrätz der Baukunst* (in der Schlacht bei Königgrätz verloren die Österreicher 1866 gegen die Preußen). Es wirkte so, als ob ihm ein Sockel fehlte und wurde deshalb als *versunkenen Kiste* oder als *in Verdauung liegender Elefant* bezeichnet. Dazu hatte beigetragen, dass die Ringstraße nach Einebnung des Stadtgrabens um einen Meter angehoben worden war.

Die beiden Architekten Sicardsburg und van der Nüll waren so zum Ziel von Spottversen geworden. Als der Kaiser das Gebäude sah, meinte er *„Die Leute haben doch recht. Das Gebäude steckt wirklich zu tief im*

Boden". Angeblich deshalb erhängte sich van Nüll im April 1868 und zwei Monate später starb auch Sicardsburg. Der Kaiser soll sich den Tod der beiden Architekten, die so die Fertigstellung nicht mehr erlebten, so sehr zu Herzen genommen haben, dass seither nur noch urteilte `Es war sehr schön. Es hat mich sehr gefreut´*.

Staatsoper- weitere Anekdoten und Zitate

Das `Haus am Ring´ wurde im Mai 1869 unter seinem ersten Direktor Franz von Ringelstädt eingeweiht. Dieser meinte `*Jedes Theater ist ein Irrenhaus, aber die Oper ist die Abteilung für Unheilbare´´*.
Einmal wurde der Geschäftsführer der Österreichischen Bundestheater Georg Springer um Opern-Anekdoten gebeten. Er antwortete `*Die Staatsoper ist eine einzige Anekdote´*. Der deutsche Tenor Peter Schreier (1935-2019) meinet zu seiner geliebten Staatsoper: `*Sie ist kein landläufiges Theater, sie ist eher eine Art Glaubensbekenntnis´*.

Theater an der Wien

Wien liegt eigentlich, zumindest was das Stadtzentrum betrifft, gar nicht direkt an der Donau. Der Donaukanal fließt jedoch näher am Stadtzentrum vorbei und durch dieses fließt zudem ein kleiner Fluss, die Wien. In der Innenstadt ist er eingewölbt und fließt unter der Prachtstraße Wienzeile. An der linken Wienzeile liegt, eher unauffällig das Theater an der Wien. Dieses Haus ist international wenig bekannt. Selbst vielen Wienern ist nicht bewusst, dass hier Opernaufführungen stattfinden. Neben dem unauffälligen, nicht freistehenden Jahrhundertwende-Bau des Büros Fellner& Helmer liegt das auch daran, dass das Theater kein Ensemble hat, sondern im

Stagionesystem blockweise bespielt wird. Ich sehe hier im Dezember 2019 im mit seinen vier Rängen beeindruckend historischen Zuschauerraum eine unglaublich fesselnde Aufführung der polnischen Oper Halka.

Geht man durch den Haupteingang am Naschmarkt fällt einem eigentlich nichts Besonderes auf. Auf der weniger bekannten Rückseite sind jedoch Teile des im Empire-Stils gehaltenen Baus aus dem Jahre 1801 erhalten geblieben. Dazu gehört ein sogenanntes Papageno-Tor, welches Papageno und seine jüngeren Geschwister in der Zauberflötenfortsetzung *Das Labyrinth* zeigt. Papageno selbst trägt dabei die Gesichtszüge von Emanuel Schikaneder, der den Bau mitinitiiert hat und den Text der Zauberflöte schrieb.

Volksoper Wien

Die Wiener Volksoper ist eines von mehreren österreichischen Opernhäusern, welches zum Regentschaftsjubiläum von Kaiser Franz Joseph I errichtet wurde. In diesem Fall war es das 50. Regierungsjubiläum im Jahre 1998. Das war eine Zeit des Wirtschaftsbooms und des technischen Fortschritts und man nahm solche Jubiläen als Ansporn in kurzer Zeit repräsentative Bauten zu errichten. Allerdings blieb der Kaiser der Eröffnung im Dezember 1898 fern. Und das obwohl an der Fassade groß die Lettern KAISERJUBILAEUM STADT-THEATER prangten (so wie heute noch in Klagenfurt). Heute ist hier in schlichten Buchstaben VOLKSOPER zu lesen. Und damit nicht genug, an der Seitenfassade steht nochmal in riesigen roten Lettern Volksoper. Eines an der Fassade gibt jedoch Rätsel auf: wen sollen die beiden ritterartigen Figuren des Bildhauers Othmar Schimkowitz (1862-1947) eigentlich darstellen?
Als ich hier im Dezember 2019 eine Operette besuche, finde ich den Zuschauerraum zwar riesig, aber mit seiner fast nüchternen Nachkriegsanmutung weniger gemütlich und anheimelnd als die der beiden anderen Wiener Häuser.

Der Brand des Ringtheaters

Große Auswirkungen auf die Sicherheitsvorkehrrungen in Theatern und Opernhäusern hatte der Ringtheaterbrand des Jahres 1881.
Das volkstümliche Ringtheater wurde 1874 am Schottenring eröffnet. Am Abend des 8. Dezember 1881 wurde hier Hoffmanns Erzählungen von Jacques Offenbach gegeben. Als hinter der Bühne die Gasbeleuchtung entzündet wurde, strömte Gas aus, welches beim zweiten Zündversuch explodierte. Das entstandene Feuer breitete sich über die Bühne in den

Zuschauerraum aus. Weil die Notbeleuchtung nicht brannte und die Notausgänge nur nach innen aufgingen und die Polizei die Lage falsch einschätzte mit offiziell 384 relativ hoch. Die Katastrophe hatte große nationale und sogar internationale Auswirkungen auf den Brandschutz in Theatern. So wurde ein Eiserner Vorhang zur Trennung von Bühne und Zuschauerraum eingeführt und Dekorationen wurden imprägniert. Zudem musste ein Sicherheitsbeamter in jeder Vorstellung anwesend sein. So manches Haus wurde neu gebaut, um den neuen Vorschriften zu entsprechen.

Hoffmanns Erzählungen galt manchen seither als Teufelswerk. Als es für den 8. Oktober 1908 für die Wiener Hofoper angekündigt wurde, setzte man es wieder ab, weil jemand an das Ringstraßenunglück erinnert hatte. Auch anderen Opernhäusern brachte das Stück kein Glück. Als es am 25. Dezember 1913 in Dessau aufgeführt wurde kam es ebenfalls zu einem Brand.

Baden bei Wien – die Operettenhochburg

Als ich im Dezember 2019 zu ein er Operettenaufführung in Baden eile, lese ich an der Fassade Jubiläums-Stadttheater. Gemeint war das 60 Thronjubiläum von Kaiser Franz Joseph I im Jahr 1908. Da wurde aber erst mit dem Bau des vom berühmten Büro Fellner& Helmer entworfenen Gebäudes begonnen, und zwar knapp vor Jahresende. Der Hof genehmigte auch nicht die ursprünglich geplante Bezeichnung Kaiser Franz Joseph Jubiläums-Stadttheater. Nach nur zehnmonatiger Bauzeit wurde das Theater bereits im Oktober 1909 eröffnet. Anders als im zeitgleich gebauten Stadttheater Klagenfurt ist, was die Fassade betrifft, vom damals aktuellen Jugendstil nichts zu sehen. Innen ist es dagegen umgekehrt, in Klagenfurt ist nichts vom Jugendstil zu sehen, in Baden schon. In den letzten Jahren hat sich das Theater von Baden zur Operettenhochburg entwickelt, was auch zum Kurpublikum passt. Diese Rolle wurde ein bisschen von der Wiener Volksoper übernommen, der in den letzten Jahren eine klare Positionierung fehlt. Baden gehört im weitesten Sinne noch zur Wiener Opernlandschaft. Von der Wiener Innenstadt fährt eine Überlandstraßenbahn, die Badner Bahn, direkt bis Baden. Ich nutze dies und besuche nach der Operette am Nachmittag in Baden abends noch das Theater an der Wien.

Jubiläumstheater Baden

Linz und der Vorhang

2013 wurde unweit vom Linzer Hauptbahnhof ein sperrig modernes Opernhaus eröffnet. Eigentlich sollte es schon zum Kulturhauptstadtjahr 2009 fertig sein, doch die Standortwahl gestaltete sich langwieriger als erwartet.
Der britische Architekt Terry Pawson gewann die Ausschreibung. Die Fassade soll an einen Vorhang erinnern. Statt wie vom Architekten vorgesehen, rotbraunen oxidierten Stahl zu verwenden, schließlich ist Linz die Stahlstadt Österreichs, entschied man sich für hellen Beton und Naturstein. Dass Linz in Wien zu Unrecht das Image einer unattraktiven Industriestadt musste ich im Frühjahr 2019 feststellen als ein Wiener Bekannter im nicht dazustossen wollte. *In Linz stinkt´s,* war sein Kommentar. Linz ist jedoch nicht nur Geburtsstadt des Komponisten Anton Bruckner, sondern auch sonst eine progressive Kulturstadt, was sich am Lentos Kunstmuseum und am Ars Electronic-Center zeigt. Die Operettenaufführung, welche ich im Mai 2019 in Linz sah, gehörte allerdings nicht zum progressiven Genre.

☞: Der berühmte tschechische
Tenor Leo Slezak (1873-1946) gab einst in einem
oberösterreichischen Theater den Lohengrin (leider sagt
die Anekdote nicht, welches. War es Linz?). Die
Abstimmung mit der Bühnentechnik war jedoch in dem
kleinen Haus nicht optimal. So geschah es, dass der
Schwan davonzog, ehe ihn Slezak bestiegen hatte. Der
Tenor nahm das mit Fassung und wandte sich an die
Kulisse `Bitte schön, wann geht der nächste Schwan´?

Innsbruck
In etlichen österreichischen Städten prangen die Lettern
Stadttheater am örtlichen Theaterbau. In Innsbruck ist
seit 1946 an der Fassade jedoch Landestheater zu lesen.
Der neoklassische wuchtige Bau mit seinen vier
korinthischen Säulen wirkt heute sehr solide. Man sieht
ihm nicht an, dass den Bau seit seiner Eröffnung im Jahr
1846 Baumängel begleiteten. Schon 1851 musste der Bau
mit Injektionen versehen werden, um stabil zu bleiben.
1961 musste es sogar wegen Baufälligkeit geschlossen
werden. Heute besticht der rot bestuhlte Theatersaal
durch klassische zurückhaltende Eleganz

Salzburg

Das Salzburger Landestheater liegt nicht in der Altstadt, sondern auf der rechten Seite der Salzach.

Dennoch hat es eine interessante Lage am Makartplatz. Denn auf der östlichen Platzseite findet sich das Mozart-Wohnhaus (Mozarts Geburtshaus liegt in der Altstadt). An der südlichen Platzseite liegt wiederum das Karajan-Geburtshaus, wo auch eine Herbert von Karajan-Statue aufgestellt ist. Das Landestheater taucht den Platz in verschiedene Farben: werden Opern aufgeführt ist es pink beleuchtet, bei Schauspiel blau, bei Ballett grün und bei Junges Land-Aufführungen orange.

Das Theatergebäude ist ein eher unauffälliger, relativ flacher (der Zuschauerraum hat nur 2 Ränge) und kompakter Bau des in diesem Bereich sehr aktiven Büros Fellner& Helmer. Es wurde im Jahr 1893 im Auftrag der Stadt Salzburg erbaut, das Wappen der Stadt ist deshalb an prominenter Stelle der Decke des Zuschauerraumes zu sehen.

Bregenz und die Festspiele

Bregenz ist überregional für die jedes Jahr im Juli und August stattfindenden Festspiele bekannt, mit spektakulären Inszenierungen auf der Seebühne. Ich besuche hier Ende Juli 2018 die Oper Carmen. Zwei gigantische Hände ragen dabei aus dem Bodensee, dazwischen scheinbar der Schwerkraft trotzende riesige Spielkarten, auf denen im Laufe der Aufführung Schauspieler scheinbar halsbrecherisch rumkraxeln. Man hält fast den Atem an. Da fängt es auch noch zu regnen an, man hat Angst die stürzen jetzt ab, nass werden sie aber auf jeden Fall und die Schauspieler tuen einem fast leid. Und Carmen wird nicht nur durch den Regen klitschnass, sie wird in der Aufführung auch noch im Bodenseewasser ertränkt, bis nur noch Luftblasen blubbern. Ein kleines

Wunder, dass sie danach zum Schlussapplaus wieder auf der Bühne steht. Fast wäre die Aufführung wegen des ein setzenden Regens ausgefallen. Ich schau mir in der Pause das Festspielhaus an, was einen schönen modernen Saal als Ausweichspielstätte hat. Dieser wird jedoch relativ selten genutzt. Besonders oft kommen wohl auch keine Besucher zur Aufführung mit der Bahn. Der Bahnhof ist direkt mit dem Schauspielhaus verbunden. Einst hatte man den Bregenzer Hauptbahnhof von einer beengten stadtnäheren Lage extra deshalb dorthin verlegt.

Graz und der verpasste Besuch

Ende Februar 2020 fahre ich mit dem neuen ÖBB-Nachtzug von Brüssel nach Österreich. In Linz möchte ich frühmorgens nach Graz umsteigen doch wegen Sturm und Schnee in Süddeutschland kommt er dort 3 Stunden zu spät an und die Aufführung in der Grazer Oper ist futsch. Das wollte ich an Ostern 2020 nachholen, doch schließlich kam die Corona-Krise dazwischen,
So war ich bis heute nicht im zweitgrößten Opernhaus Österreichs. Während in den anderen Landeshauptstädten die Lettern Landes- oder Stadttheater an der Fassade zu lesen sind, liest man hier ausnahmsweise mal Opernhaus. Die Architektur der Wiener Staatsoper soll Vorbild gewesen sein, aber das sieht man dem Bau kaum an. Anlass für den Bau war wie in Klagenfurt und Baden das Regentschaftsjubiläum von Kaiser Franz Joseph I. der im Dezember 1848 den Thron bestieg. Wie in den anderen Städten wurde man eigentlich fast Jahr zu spät fertig.
Das Operngebäude stellt einen historistischen Stilmix dar. Über eine repräsentative Treppe gelangt man vom Foyer in den prächtigen von barocken Elementen geprägten Zuschauerraum. Das Deckengemälde zeigt Szenen aus Wagners Lohengrin, aus Schillers Wilhelm Tell und aus Goethes Faust.

Graz und Salome

Salome von Richard Strauss galt seinerzeit als Skandaloper, die Aufführung wurde lange verboten. Am 6. Mai 1906 dirigierte Richard Strauss die erste österreichische Aufführung in Graz selbst. Anwesend waren so illustre Namen wie Giacomo Puccini, Gustav Mahler, Alma Mahler, Arnold Schönberg, Alban Berg und die Witwe von Johan Strauß. Adolf Hitler behauptete später, auch dabei gewesen zu sein und sich dafür von Verwandten Geld für die Fahrt nach Graz geliehen zu haben.

Klagenfurt - das Jubiläumstheater

Als ich einem Wiener erzähle, dass ich vorhabe, in Klagenfurt in die Oper zu gehen, meint dieser, dass sich das wahrscheinlich nicht lohnen würde, zumindest was die Attraktivität der Spielstätte betreffen würde. In Wien besteht einfach die Tendenz, auf die Provinz herabzuschauen. Im Februar 2020 besuche ich zum ersten Mal Klagenfurt und finde eine nachts magisch beleuchtete Innenstadt vor. Das Statttheater Klagenfurt stellt sich als wunderbarer, kompakter vom Jugendstil beeinflusster Bau heraus, der mich ein bisschen an das Gießener Stadttheater erinnert. Dies ist kein Zufall, denn beide Gebäude wurden vom österreichischen Architektenbüro Fellner&Helmer Anfang des 20. Jahrhunderts entworfen. Das Klagenfurter Stadttheater sollte ursprünglich zum 60. Regierungsjahr des österreichischen Kaisers Franz Joseph I, also 1908, eröffnet werden. Da wurde jedoch erst mit dem Bau begonnen (eine Tafel zeigt, dass dies am 2. Dezember 19098 war) und die Eröffnung konnte erst 1910 gefeiert werden, zur Theaterherbstsaison, am 22.9.1910. Trotzdem nennt es sich Jubiläumstheater, was auch auf der Fassade zu lesen ist.

Innen ist vom Jugendstill nur wenig zu spüren. An der Theke ist in Leuchtschrift folgendes Zitat zu lesen `*Und dieses Theater, das wir wegen diesem Theater gemacht haben..´*

Dass Klagenfurt am Rande des deutschsprachigen Kulturraumes liegt zeigt sich mir an 2 Dingen. Slowenischsprachige Zuschauer sind im Publikum und die wegen Erkrankung in Ulm gefundene Ersatzsopranistin kommt von dort erst in letzter Minute mit dem Zug an.

Das Klagenfurter Jubiläumstheater

5. Slowenien

In Slowenien gibt es zwei Opernspielstätten: Ljubljana (Laibach) und Maribor (Marburg). Beide werden vom Slowenischen Nationaltheater Ljubljana bespielt. Die Aufführungsdichte von Opern ist relativ niedrig, pro Woche werden in dem kleinen Land mit seinen 2 Millionen Einwohnern lediglich 1-2 Opern aufgeführt.

Ljubljana Nationaloper

Im Februar 2020 besuche ich eine Aufführung der Verdi-Oper Luisa Miller in Ljubljana. Am Vortrag war ich in Klagenfurt in der Oper, reise dann nach Villach und von dort ist es nur eine relativ kurze Zugfahrt in die slowenische Hauptstadt. Ljubljana hat nur 290 000 Einwohner, doch verfügt die Stadt über ein historisches Opernhaus, welches in einem repräsentativen Viertel zwischen Parlament und Nationalmuseum liegt. Erbaut wurde es 1892 im Neo-Renaissancestil durch die tschechischen Architekten Hrasky und Hruby.

Das relativ kompakte Haus mit seinen zwei Rängen wirkt auch innen recht repräsentativ. Seit seiner Sanierung im Jahr 2011 hat es einen weniger schönen schwarzen Anbau mit hohem Bühnenturm bekommen, was mir aber bei meinem abendlichen Besuch aufgrund der Dunkelheit nicht auffällt. Mit zwei Freunden rätsele ich, ob die nicht ganz zum übrigen Bau passende Eingangsüberdachung vom slowenische Jugendstilarchitekt Plecnik stammt.

In der gut inszenierten Aufführung (mit Titeln in slowenischer und englischer Sprache) fällt das gut gekleidete bürgerliche Publikum auf. Viele Männer tragen nicht nur Anzüge, sondern sogar Krawatten, was in deutschen Häusern eher selten zu beobachten ist. Auch ist jüngeres Publikum anwesend, sogar Kinder, hier scheinen ganze Familien die Oper zu besuchen.

ANHANG

1.Beinamen

1.1 Beinamen von Opernhäusern, Philharmonien

Gebäude	Beiname
Erl, Festspielhaus	12-Apostel-Silo
	Operntarnkappenbomber
Wien, Staatsoper	Versunkene Kiste
Zürich, Opernhaus-Anbau	Fleischkäse

1.2 Beinamen von Komponisten

Komponist	Beiname
Puccini (1858-1924)	Verdi des kleinen Mannes (Kurt Tucholsky)
Lehar (1870-1948)	Puccini des kleinen Mannes (Kurt Tucholsky)
Vinzenco Bellini (1801-1834)	Schwan von Catania
Jacques Offenbach (1819-1880)	Mozart der Champs-Elysées (Rossini)
Ludwig A. Kunzen (1761-1817)	Mozart des Nordens
Thomas Linely (1756-1778)	Englischer Mozart
Joseph Martin Kraus (1756-1792)	Mozart des Nordens Der Odenwälder Mozart
Frédéric Chopin (1810-1849)	Der kleine Mozart Polens
Erich Wolfgang Korngold (1897-1957)	Der kleine Mozart
Juan Crisostomo de Arriaga (1806-1826)	Spanischer Mozart

1.3 Ausdrücke für Theaterphänomene

Phänomen	Zeit	Protagonisten
Ulmer Theaterwunder	1958-1970	Wilfried Minks Peter Zadek Kurt Hübner Peter Stein Rainer Werner Fassbinder
Stuttgarter Ballettwunder	1961-1973	John Cranko
Wiener Opernkrise	1964	Kompetenzstreitigkeiten mit Herbert von Karajan
Pforzheimer Theatermodell	203-2015	Dreifachspitze mit Operndirektor (Hämäläinen), Verwaltungsdirektor (Weber) und Schauspieldirektor (Meyer), heute wieder Doppelspitze

2. Kritikerumfrage Opernwelt: Oper des Jahres

Spielzeit	Opernhaus	Chor
1992/93	Leipzig	
1993/94	Stuttgart	
1994/95	Zürich	
1995/96	Frankfurt	
1996/97	Hamburg	
1997/98	Stuttgart	
1998/99	Stuttgart	Stuttgart
1999/2000	Stuttgart	Stuttgart
2000/2001	Graz	Stuttgart
2001/2002	Stuttgart	Stuttgart
2002/2003	Frankfurt	Stuttgart
2003/2004	Deutsche Stadttheater (Wo?)	Hannover
2004/2005	Hamburg	Stuttgart
2005/2006	Stuttgart	Stuttgart
2006/2007	Bremen, Komische Oper Berlin	Komische Oper
2007/2008	Essen (Aalto)	Deutsche Oper
2008/2009	Basel	Deutsche Oper
2009/2010	Basel	Deutsche Oper
2010/2011	Brüssel (La Monnaie)	Stuttgart
2011/2012	Köln	Stuttgart
2012/2013	Komische Oper Berlin	Basel
2013/2014	Bayr. Staatsoper München	Mannheim
2014/2015	Mannheim, Frankfurt	Komische Oper
2015/2016	Stuttgart	Amsterdam
2016/2017	Lyon	Stuttgart
2017/2018	Frankfurt	Stuttgart
2018/19	Opéra national du Rhin	Straßburg

3. Bedeutende Theaterarchitekten

Architekt/Büro	Theater
Giuseppe Galli Bibiena	Markgräfliches Theater Bayreuth
Fellner&Hellmer	Gießen Wiesbaden Berlin, Komische Oper (Außenbau, zerstört) Augsburg (Teile erhalten) Ravensburg, Konzerthaus Fürth, Stadttheater Hoftheater Darmstadt (zerstört) Klagenfurt
Heinrich Seeling (1852-1932)	Hoftheater Gera Opernhaus Nürnberg Deutsche Oper Berlin (zerstört) Schauspielhaus Frankfurt am Main (zerstört) Stadttheater Rostock (zerstört) Stadttheater Aachen (Umbau) Stadttheater Freiburg
Werner Ruhnau (1922-2015)	Musiktheater im Revier, Gelsenkirchen
Terry Pawson	Musiktheater Linz

4. Inschriften an Gebäuden

Theater	Inschrift
München, Bay. Nationaltheater	APOLLINI MUSIQUE REDITUM MCMLXIII
Regensburg	Musis Faventibus

5.Inschriften im Bodenbereich

Theater	Weitere Inschriften/Zitate
Hof, überdachter Weg zum Theater	Genau aber genommen, so ist nichts theatralisch als was für die Augen zugleich symbolisch ist, eine wichtige Handlung, die auf eine noch wichtigere hindeutet.

Goethe, Kunsttheoretische Schriften und Übersetzungen.
Shakespeare als Theaterdichter.

6. Büsten und Statuen in und an Gebäuden

Theater	Büste, Statue
Nürnberg, Opernhausplatz	Richard Wagner
Zürich Opernhaus Fassade	Schiller, Goethe, Shakespeare, Weber, Mozart, Wagner
Genf Opernhaus	Mozart, Beethoven

Literatur

Carsten Jung
Historische Theater
in Deutschland, Österreich und der Schweiz
Berlin 2010

Arnold Werner-Jensen
Oper intern
Berufsalltag vor und hinter den Kulissen
Mainz 2010

Sibylle Peine
Kreuz und quer durch Karlsruhe
Tübingen 2018

Guillaume de Laubier, Antoine Pecqueur
Die schönsten Opernhäuser der Welt
Paris, München 2013

Friederike C. Raderer, Rolf Wehmeier
Immer bekommt der blöde Tenor die Dame
Stuttgart 2010

Alan Riding, Leslie Dunton-Downer
Opera
Eyewitness Companions
London 2006

Rainer Schmitz, Benno Ure
Wie Mozart in die Kugel kam
Kurioses und Überraschendes aus der Welt der Musik
München 2016

Friederike C. Radere, Rolf Wehmeier
Das muss wie Zoo klingen
Musiker Anekdoten
Stuttgart 2008

Webseiten

Büro Fellner& Helmer
https://de.wikipedia.org/wiki/B%C3%BCro_Fellner_%26_Helmer

Kulturrat
Rote Liste Kultur
https://www.kulturrat.de/thema/rote-liste-kultur/

Theaterarchitektur
https://www.theatre-architecture.eu/de/

Operabase
Statistiken zu Opernaufführungen
https://www.operabase.com

Opera Guide
http://www.opera-guide.ch

Opernwelt (Zeitschrift)
http://www.opernwelt.de/

Operone
http://operone.de/

Perspectiv
Gesellschaft der historischen Theater Europas
https://www.perspectiv-online.org/

Deutscher Musikrat Deutsches Musikinformationszentrum
www.miz.org

Weitere Bücher von Richard Deiss

(siehe auch <u>www.bod.de</u>)

Kein Opernhaus in Oberhausen
Wissenswertes und Gesangloses zu 99 deutschen Opernspielstätten.
Norderstedt 2020